LES REQUINS-NOURRICES

Julie K. Lundgren

Un livre de la collection
Les jeunes plantes de Crabtree

TABLE DES MATIÈRES

Soutien de l'école à la maison pour les parents, les gardiens et les enseignants

Ce livre aide les enfants à se développer grâce à la pratique de la lecture. Voici quelques exemples de questions pour aider le lecteur ou la lectrice à développer ses capacités de compréhension. Les suggestions de réponses sont indiquées en rouge.

Avant la lecture

- De quoi ce livre parle-t-il?
    - *Je pense que ce livre parle des requins-nourrices.*
    - *Je pense que ce livre parle de leur caractère doux et bienveillant.*

- Qu'est-ce que je veux apprendre sur ce sujet?
    - *Je veux apprendre les habitudes des requins-nourrices.*
    - *Je veux savoir où vivent les requins-nourrices.*

Pendant la lecture

- Je me demande pourquoi...
    - *Je me demande pourquoi on les appelle requins-nourrices.*
    - *Je me demande pourquoi les requins-nourrices se reposent pendant la journée.*

- Qu'est-ce que j'ai appris jusqu'à présent?
    - *J'ai appris que les requins-nourrices se cachent sous les récifs.*
    - *J'ai appris qu'ils chassent la nuit.*

Après la lecture

- Nomme quelques détails que tu as retenus.
    - *J'ai appris que les requins-nourrices peuvent se reposer, mais les grands requins blancs ne peuvent pas, car ils doivent nager pour respirer.*
    - *J'ai appris que les requins-nourrices aspirent des poissons, des crevettes et des calmars.*

- Lis le livre à nouveau et cherche les mots de vocabulaire.
    - *Je vois le mot **récif** à la page 3 et le mot **barbillons** à la page 16. Les autres mots du glossaire se trouvent aux pages 22 et 23.*

LE REQUIN-NOURRICE

Qu'est-ce qui se cache sous le **récif**?

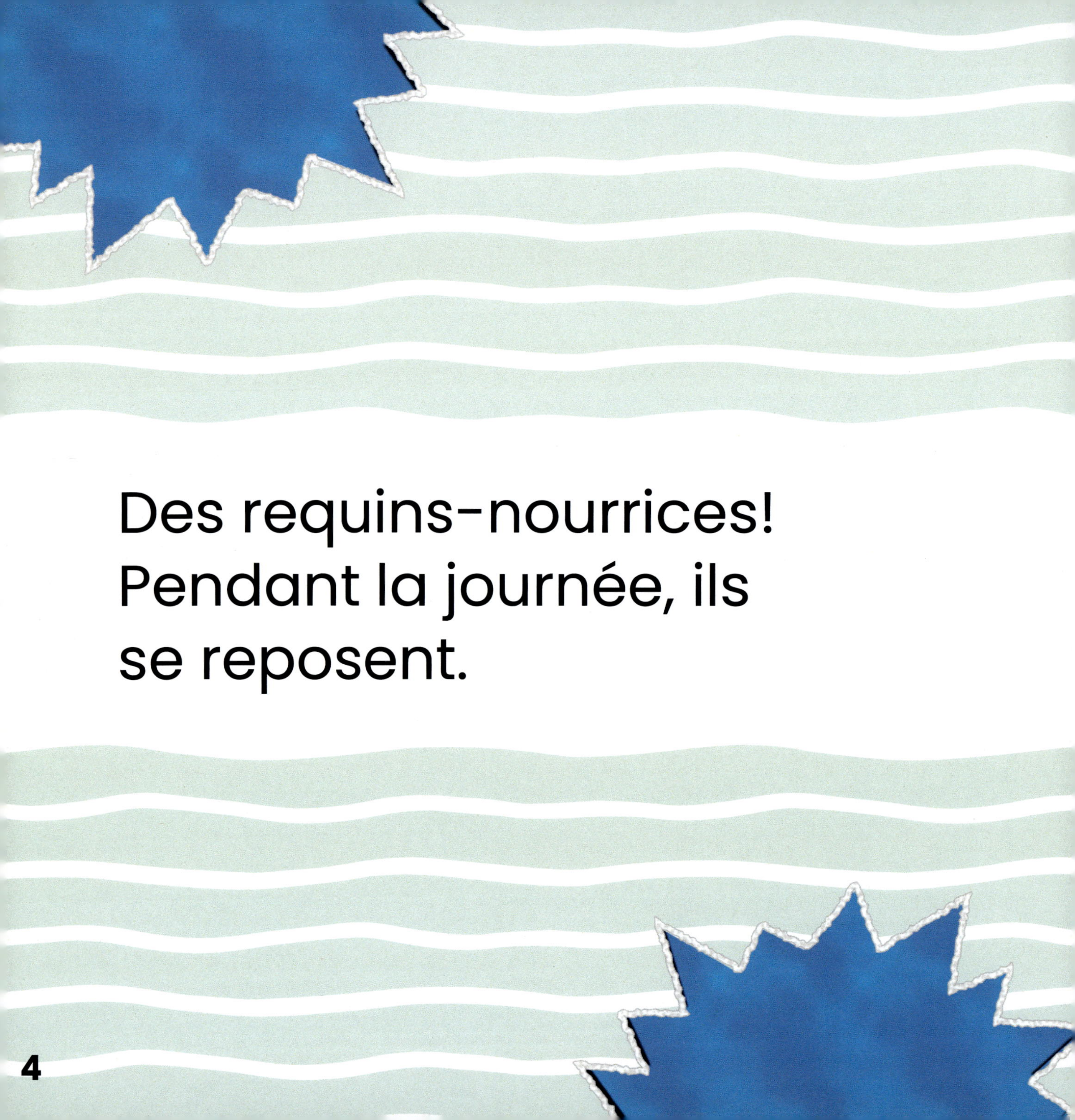

Des requins-nourrices!
Pendant la journée, ils
se reposent.

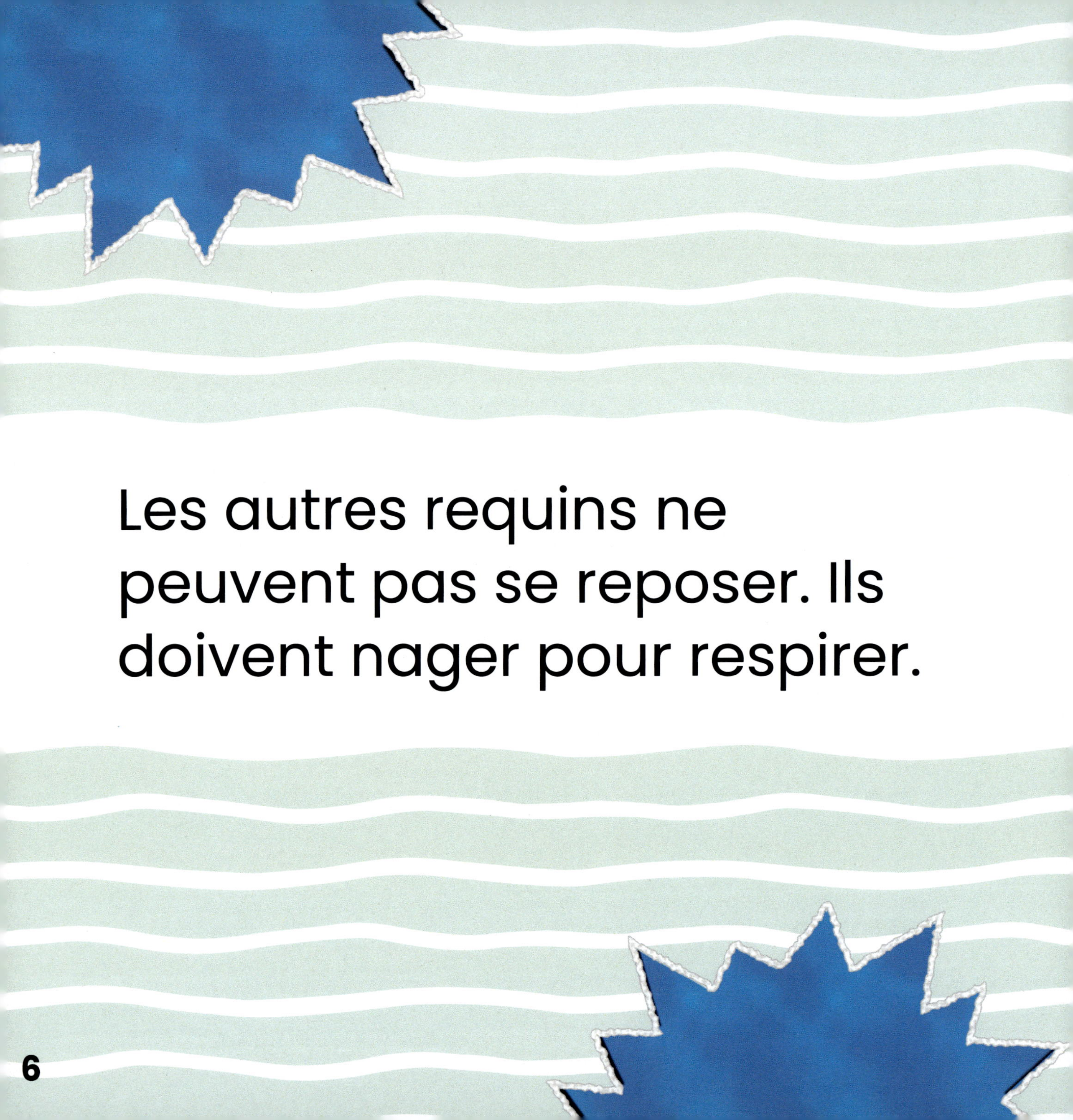

Les autres requins ne peuvent pas se reposer. Ils doivent nager pour respirer.

INFO AU DOSSIER

Le grand blanc et le mako ne peuvent pas se reposer.

La nuit, les requins-nourrices chassent.

Ils ne poursuivent pas leur **proie**.

Ils errent lentement
au fond de l’océan.

Ils aspirent des poissons, des crevettes et des calmars.

calmar

INFO AU DOSSIER

Ils croquent aussi des homards.

Des **barbillons** les aident à trouver les proies grâce au toucher.

INFO AU DOSSIER

Le poisson-chat utilise ses barbillons de la même façon.

Les **plongeurs** les aperçoivent plus souvent que tous les autres requins.

INFO AU DOSSIER

Tu pourrais en apercevoir un dans un **aquarium**!

Ils sont doux, mais il ne faut pas les caresser!

INFO AU DOSSIER

Ils ont de nombreuses petites **dents** acérées!

GLOSSAIRE

aquarium (a-coua-riom) : Un aquarium est un endroit que les gens peuvent visiter pour voir des poissons et autres animaux aquatiques.

barbillons (bar-bi-on) : Les barbillons sont comme de longs doigts souples sur le visage du requin-nourrice qui l'aident à trouver de la nourriture grâce au toucher.

dents (dan) : Les dents sont des organes de la bouche, blancs et osseux, qui sont utilisés pour mordre et mâcher.

plongeurs (plon-jeur) : Les plongeurs sont des gens qui portent de l'équipement qui leur permet de respirer sous l'eau.

proie (proa) : Une proie est tout animal qui est chassé et mangé par un autre animal.

récif (ré-sif) : Un récif est une crête en eau peu profonde où vivent de nombreux animaux.

Index

À propos de l'autrice

Julie K. Lundgren

Julie K. Lundgren a grandi près du lac Supérieur, où elle s'amusait dans les bois, cueillait des baies et enrichissait sa collection de pierres. Ses intérêts l'ont conduite à un diplôme en biologie. Elle vit au Minnesota avec sa famille.

Sites Web

Les sites Web sont en anglais seulement.

https://aqua.org/explore/animals/nurse-shark
www.montereybayaquarium.org/animals/animals-a-to-z/sharks

Autrice : Julie K. Lundgren
Conception : Jennifer Dydyk
Révision : Kelli Hicks
Correctrice : Melissa Boyce
Traduction : Annie Evearts
Coordinatrice à l'impression : Katherine Berti

Références photographiques :
Illustration du requin du logo de la couverture : © BATKA/Shutterstock; illustration du grand requin blanc pour « INFO AU DOSSIER » : © Dashikka/Shutterstock; couverture : © Carlos Grillo/Shutterstock.com; page 3 : © Richard Whitcombe/Shutterstock.com; page 5 : © Carlos Aguilera/Shutterstock.com; page 7 (grand blanc) : © KDR In-Focus Productions/Shutterstock.com; (mako) : © wildestanimal/Shutterstock.com; page 9 : © nicolasvoisin44/Shutterstock.com; page 11 : © Eric Carlander/Shutterstock.com; page 13 : © Keith Levit/Shutterstock.com; page 15 (calmar) : © George P Gross/Shutterstock.com, (homard) : © MIGUEL G. SAAVEDRA/Shutterstock.com; page 17 (requin-nourrice) : © Yann hubert/Shutterstock.com, (poisson-chat) : © KT photo/Shutterstock.com; page 19 (plongeur) : © Jag_cz/Shutterstock.com, (aquarium) : © Evikka/Shutterstock.com; page 21 : © frantisekhojdysz/Shutterstock.com;

Crabtree Publishing Company
www.crabtreebooks.com 1-800-387-7650

Au Canada : Nous reconnaissons l'appui financier du gouvernement du Canada par l'entremise du Fonds du livre du Canada pour nos activités de publication.

Publié aux États-Unis
Crabtree Publishing
347 Fifth Avenue
Suite 1402-145
New York, NY, 10016

Publié au Canada
Crabtree Publishing
616 Welland Ave.
St. Catharines, Ontario
L2M 5V6

Imprimé au Canada/082021/CPC

Catalogage avant publication de Bibliothèque et Archives Canada

Titre: Les requins-nourrices / Julie K. Lundgren ; texte français d'Annie Evearts.
Autres titres: Nurse sharks. Français.
Noms: Lundgren, Julie K., auteur.
Description: Mention de collection: Dossiers sur les requins | Les jeunes plantes de Crabtree | Traduction de : Nurse sharks. | Comprend un index.
Identifiants: Canadiana (livre imprimé) 20210284749 | Canadiana (livre numérique) 20210284765 | ISBN 9781039609662 (couverture souple) | ISBN 9781039609723 (HTML) | ISBN 9781039609785 (EPUB)
Vedettes-matière: RVM: Requin nourrice—Ouvrages pour la jeunesse. | RVMGF: Documents pour la jeunesse.
Classification: LCC QL638.95.G55 L8614 2022 | CDD j597.3/3—dc23